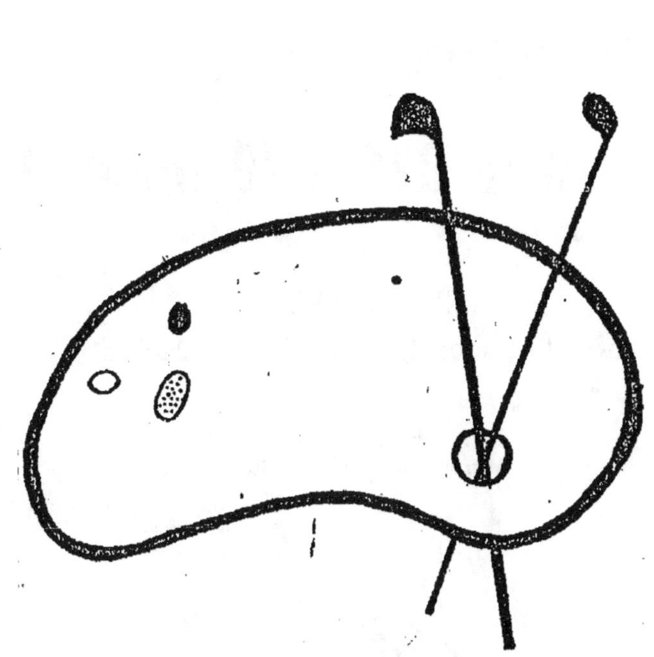

DEBUT D'UNE SERIE DE DOCUMENTS
EN COULEUR

Les Juifs avant le Messie

II

DÉVELOPPEMENT
moral et social d'Abraham à Moïse

PAR

A. PAULUS
Agrégé de l'Université

Lac vobis potum dedit,
non escam.

I Cor., III, 2.

PARIS

LIBRAIRIE BLOUD & Cᵉ

4, RUE MADAME ET RUE DE RENNES, 59

1905

SCIENCE ET RELIGION

Études pour le temps présent. — Prix 0 fr. 60 le vol.

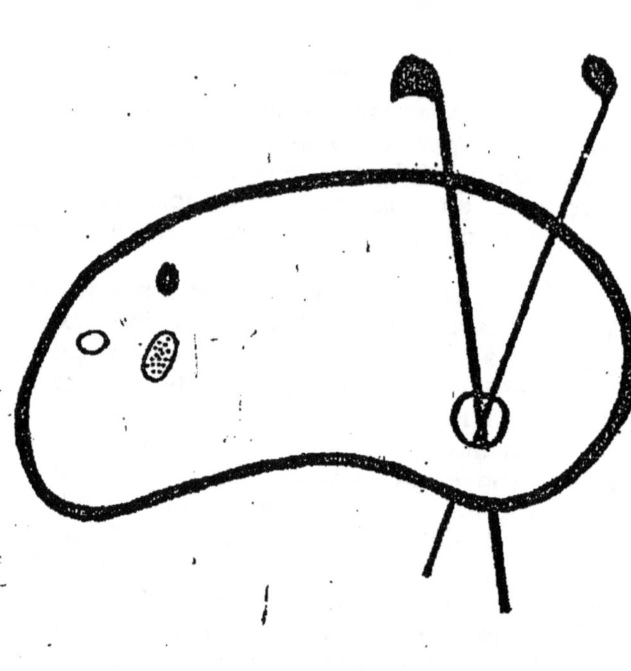

FIN D'UNE SERIE DE DOCUMENTS
EN COULEUR

LES JUIFS AVANT LE MESSIE

II

Université Catholique
DE L'OUEST
—

Faculté de Théologie

Angers, le 25 mai 1904

Je vous renvoie votre manuscrit que j'ai lu avec attention et vous donne bien volontiers le *nihil obstat* que vous demandez. Votre travail est une excellente esquisse de l'histoire des Hébreux, facile à lire et n'offre aucune difficulté au point de vue doctrinal.

A. LEGENDRE

ÉVÊCHÉ
DE
VANNES

Vannes, le 9 juin, 1904

Vu le rapport général qui a été fait par M. le Vicaire général Kerdaffrec, curé-archiprêtre de Pontivy sur un ouvrage intitulé « Les Juifs et le Messie » ;

Vu le « Nihil obstat » donné aux trois volumes à part sous le titre « Les Juifs avant le Messie, », par Mgr Legendre, doyen de la faculté de théologie d'Angers, nous accordons bien volontiers la permission d'imprimer.

E. DIEULANGARD
vic. cap.

Les Juifs avant le Messie

II

DÉVELOPPEMENT
moral et social d'Abraham à Moïse

PAR

A. PAULUS
Agrégé de l'Université

Lac vobis potum dedi non escam.

I Cor., III, 2.

PARIS
LIBRAIRIE BLOUD & Cie
4, RUE MADAME ET RUE DE RENNES, 59
1905

PRÉFACE

La période patriarcale de l'histoire du peuple messianique, dont nous retraçons ici l'histoire morale et sociale,
s'étend d'Abraham à Moïse. Elle peut se diviser en deux
phases, le séjour des Hébreux dans la terre de Chanaan et
le séjour sur la frontière du Delta. De cette seconde phase
on trouvera à peine quelques lignes dans ce volume, car
tout ce que nous avons à en dire a trouvé place dans
notre étude sur l'histoire politique des Juifs avant le
Messie. Notre travail actuel s'attache donc surtout à décrire
la vie de la tribu sous les grands patriarches, Abraham,
Isaac et Jacob. Les naïfs récits de cette époque ont charmé
notre enfance, on verra qu'ils peuvent devenir l'objet
des plus graves réflexions pour l'exégète, le moraliste,
le jurisconsulte et l'économiste.

LES JUIFS AVANT LE MESSIE

Développement moral et social d'Abraham à Moïse

I

LES SOURCES DE L'HISTOIRE DE LA SOCIÉTÉ PATRIARCALE

La tribu sémitique issue d'Arphakschad avait déjà fourni une longue carrière quand, sur l'appel de Yahveh, un groupe de familles s'en détacha, passa du Paddan Aram dans la terre de Chanaan où la nouvelle société continua de mener la vie patriarcale sous trois scheikhs successifs, Abraham, Isaac et Jacob. Cette période de son existence est courte mais elle voit naître le *peuple de Dieu* et, par suite, nous devons l'étudier attentivement. Nous avons pour le faire trois sources d'informations, un livre historique, la *Genèse*, un poème, le *livre de Job*, et un monument législatif, le *Code de l'Alliance*.

La Genèse raconte, à partir de son chapitre douzième, la vie religieuse des trois grands patriarches d'après les témoignages conservés par leurs descendants. L'auteur est Moïse, le grand législateur des Hébreux. Bossuet le nomme « le plus ancien des historiens » et cette parole de l'évêque de Meaux est toujours vraie, — au moins en ce qui concerne la nation choisie (1), — car la Genèse est une œuvre méthodique conçue d'après un plan mis aujourd'hui en pleine lumière et écrite dans un but déterminé. Mais si Moïse est le plus ancien des historiens, il n'est pas le plus ancien des chroniqueurs, c'est-à-dire de ces auteurs dont le dessein se réduit à raconter les événements au jour le jour ou à les classer uniquement dans l'ordre des temps. Nous pouvons, dans le récit mosaïque, distinguer les travaux de ces chroniqueurs et un certain nombre de documents (2) que l'écrivain inspiré a fait entrer dans la trame de son livre. Certains critiques modernes se sont demandé si, plus tard, la rédaction de Moïse n'avait pas subi un arrangement littéraire avant d'être fixée *ne varietur* dans le canon d'Esdras. Quelques hébraïsants catholiques, d'une orthodoxie éprouvée et d'une science incontestable, admettent cette hypothèse. La question d'ailleurs, qui peut avoir une certaine importance au point de vue de l'histoire littéraire, n'en a aucune au point de vue du récit des faits en eux-mêmes ou des conclusions théologiques à tirer du texte car, en dernière analyse, le prophète du Sinaï demeurerait l'auteur du fond du travail (3).

Le livre de Job, dont l'écrivain est inconnu, est un poème sur un incident de la vie d'un scheikh iduméen, de race abrahamide par la lignée d'Esaü et contemporain, à ce qu'il semble, du séjour des Benê-Israël en Egypte. Le sujet est lié à la solution d'une question de

---

(1) Les découvertes faites dans l'Asie occidentale sont si nombreuses et si variées qu'un jour on pourrait y rencontrer une œuvre historique sortie des grandes écoles sacerdotales de Babylone, Our ou Eridou.

(2) Invasion de Chodorlahomor, achat de la caverne d'Ephron.

(3) Voir *les Juifs avant le Messie*, t. III, ch. III.

théologie, la conciliation de la justice de la Providence avec les épreuves des justes et le triomphe des méchants sur la terre. Le poème est certainement très ancien mais la langue dans laquelle il est écrit présente de telles analogies avec celle du livre des Proverbes qu'on est conduit à admettre un remaniement littéraire à l'époque de Salomon ou d'Ezéchias

L'exactitude des descriptions contenues dans la Genèse et dans Job est admise par tout le monde. Pendant la campagne de 1798, en Syrie, dit le *Mémorial de Sainte-Hélène*, « l'armée campait sur les ruines des anciennes villes. On lisait tous les soirs l'Ecriture à haute voix, sous la tente du général en chef. L'analogie et la vérité des descriptions étaient frappantes ; elles conviennent encore à ce pays après tant de siècles et de vicissitudes ». M. Renan dit de son côté : « Le monument capital sur cet âge primitif est la Genèse (1)... La confirmation de la vérité de la couleur des récits de la Genèse se trouve dans le livre de Job, dans les peintures des grottes de Béni-Hassan en Egypte, et surtout dans la vie arabe telle qu'elle existe encore. Cette vie nous permet d'étudier comme une chose actuelle la société particulière antique. Le type de cette société est tellement immuable qu'on est autorisé à conclure d'aujourd'hui à quatre ou cinq mille ans en arrière (2). » Ceci est très vrai et, pour

(1) M. Renan se plaît à considérer à tort Abraham, Isaac et Jacob comme des personnages mythiques ; il se refuse à prendre la Genèse « comme un livre historique » et il veut en faire « la peinture idéalisée d'un âge qui a existé ». C'est là une simple hypothèse et, remarque avec raison M. l'abbé de Broglie, on n'ébranle pas la tradition de tout un peuple avec des hypothèses. Voir la réfutation du roman rationaliste de Wellhausen, Stade, Renan, dans BROGLIE, *Questions bibliques*, p. 30, 195-223.

(2) RENAN, *Hist. du peuple d'Israël*, t. I, p. 14 note 1. M. Renan

ne citer qu'un exemple, le voyageur Burckardt a vu se reproduire sous ses yeux, dans le Houran, toute l'histoire du mariage de Jacob et de Rachel ; rien n'y manquait, ni le service personnel du gendre ni l'exploitation de celui-ci par le beau-père dans les années suivantes : la race des Labans n'est pas éteinte en Orient (1).

En dehors de la Genèse et du livre de Job, la législation mosaïque peut-fournir de précieux enseignements sur l'époque patriarcale, mais il faut y puiser avec précaution parce que le législateur écrivait à une époque où la vie nomade n'était plus qu'un souvenir pour les Benê-Israël établis depuis plusieurs siècles dans la terre de Gessen et parce que ses prescriptions étaient destinées à

ajoute : « L'Islam n'est pour rien dans ce qui fait le caractère de la vie arabe, l'Islam ayant eu très peu d'influence sur la vie des nomades. Les tribus qui errent aux environs de La Mecque sont à peine musulmanes. Le *Kitâb-el-Aghâni*, qui est l'image exacte de la vie arabe avant Mahomet, présente des scènes tout à fait analogues à celles des anciens récits hébreux et à ce qui se voit de nos jours chez les bédouins de la grande tente. » Au Kitâb-el-Aghâni on pourrait joindre les *Mallabat*, les recueils *El Mofaddaliat, El Hamaçah*, etc., mais il ne faudrait pas croire, aussi facilement que M. Renan, « au peu d'influence de l'Islam sur la vie des nomades ». A côté de la vie extérieure, qui a peu changé, « la vie nomade ayant le privilège de rester toujours identique à elle-même et de reproduire les mêmes types dans les siècles les plus divers », il y a la vie intellectuelle et morale et, dans cet ordre d'idées, l'action de Mahomet a été toute puissante.

(1) I once met with a young man who had served eight years for his food only ; at the end of this period he obtained in marriage the daughter of his master, for whom he would otherwise have paid seven or eight hundred piastres. When I saw him he had been married three years, but he bitterly complained of his father-in-law, who continued to require of him the performance of the most servile offices without paying him anything ; and that prevented him from setting up for himself and family, BURCKARDT, *Travels in Syria*, p. 297.

un peuple sédentaire. Il convient de chercher dans les ordonnances mosaïques les parties empruntées au droit traditionnel antérieur. Le travail à faire est analogue à l'indication des articles de notre Code civil copiés sur le droit coutumier et les édits de l'ancien régime. La découverte des vieilles lois hébraïques sera singulièrement facilitée par la connaissance du Code de Hammourabi retrouvé en 1902 (1). Nous fournirons un exemple emprunté au R. P. Lagrange. Le savant dominicain cite un passage de l'Exode (xxi, 28-30) : « Si un bœuf frappe (des cornes) un homme ou une femme et si (la victime) meurt, le bœuf sera lapidé, et sa chair ne sera pas mangée et le maître du bœuf n'est pas coupable. Et si le bœuf est coutumier de frapper depuis hier et avant-hier, et qu'on l'a fait savoir à son maître, si celui-ci ne l'a pas gardé et si le bœuf a tué un homme ou une femme, le bœuf sera lapidé, et son maître aussi sera mis à mort et si on accepte une composition, il donnera ce qu'on exigera de lui ». Voici maintenant le droit babylonien : « Si un bœuf furieux, dans sa course un homme a poussé (des cornes) et fait mourir, cette cause ne comporte pas de réclamation. Si le bœuf d'un homme, coup de corne pour coup de corne, son vice lui a révélé et si ses cornes il n'a pas rogné, ni son bœuf il n'a entravé ; si ce bœuf, un homme libre a poussé de la corne et a tué, une demi-mine d'argent il paiera. » Les deux cas sont les mêmes et l'esprit général est le même avec la différence entre une société savante, policée, vieillie et les coutumes plus frustes des nomades (2). » Evidemment la prescription a été com-

(1) L'analyse du code se trouve dans la *Revue biblique*, janvier 1903.

(2) LAGRANGE, *Etudes Bibliques, La méthode historique surtout à propos de l'Ancien Testament*, p. 165.

mune aux Chaldéens et aux ancêtres des contemporains de Moïse lorsque ceux-ci vivaient à l'état nomade sur les frontières du peuple sédentaire, entre l'époque d'Arphakschad et celle d'Abraham et elle s'est perpétuée chez les Hébreux établis dans la terre de Chanaan et la terre de Gessen.

Quoique des vestiges du droit antique se trouvent dans toutes les parties de la législation mosaïque, — Code de l'Alliance, Code sacerdotal et Deutéronome (1), — c'est surtout dans le Code de l'Alliance, promulgué en même temps que le Décalogue, qu'il faut aller les chercher. Le fait s'explique naturellement, Moïse donnait alors une organisation provisoire au peuple sorti de l'Egypte et il en empruntait surtout les éléments au passé.

(1) Code de l'Alliance : *Exode*, xxi-xxiii, 19 ; Code sacerdotal : *Exode*, xxv-xxx ; xxxv-xl ; *Lévitique* entier ; *Nombres*, i-x ; xv ; xvii-xix, xxviii-xxx ; xxiv-xxxv.

II

L'INFLUENCE RELIGIEUSE SUR LES INSTITUTIONS AUX ÉPOQUES PRIMITIVES

Donoso Cortès pose en principe que « les institutions sociales sont les conséquences des croyances religieuses (1). » Personne ne contredira l'illustre ambassadeur espagnol après avoir comparé la civilisation de l'époque d'Auguste à celle du temps de saint Louis et de saint Thomas d'Aquin. La première est la résultante du syncrétisme de tous les paganismes, la seconde est le fruit de l'action douze fois séculaire du christianisme. Combien elles sont différentes l'une de l'autre ! Au xiiie siècle l'esclavage a disparu, le respect de la femme est une des vertus de la chevalerie, les orphelins, les malades, les infirmes, tous les êtres souffrants ont trouvé des secours dans des fondations charitables, le vieux monde romain a été régénéré, la civilisation a conquis les barbares, l'affranchissement des communes a marqué les premières étapes de la société vers la liberté politique et l'égalité civile. Tout est en progrès sous la bienfaisante action des maximes évangéliques et celles-ci n'ont pas encore produit tous les résultats

(1) *Essai sur le catholicisme*, Œuvres, t. III, p. 6.

dont elles sont capables. « Cherchez premièrement le royaume de Dieu et sa justice et tout le reste vous sera donné par surcroît (1). »

La haute antiquité semble avoir compris instinctivement la portée civilisatrice de cette parole tombée, bien des siècles plus tard, de la bouche du divin Maître. Toujours elle a cherché à appuyer les fondements des sociétés sur les religions. Malgré leurs défaillances dont s'étonne notre œil, habitué à considérer un idéal apporté dans le monde par la prédication messianique, celles-ci conservaient une lueur de la révélation primitive pour éclairer la route vers cette justice absolue que rêve l'humanité.

Considérons maintenant l'Asie antérieure au moment où les premières sociétés policées apparaissent à nos regards. Le vieil empire chaldéen nous présente un agrégat de petites principautés quasi-autonomes et de tribus soumises au régime patriarcal. Partout les chefs, descendants vrais ou supposés du héros éponyme, se déclarent les représentants de la divinité poliade, laquelle est censée gouverner ses adorateurs ; aussi la fortune de chaque collectivité paraît-elle liée à celle de son céleste protecteur. Ainsi s'expliquent les formules des inscriptions cunéiformes où les souverains se vantent d'avoir vaincu et enchaîné les dieux de leurs ennemis, et ceci n'est pas une métaphore : au xiiie siècle, Koutournakhounta, roi de l'Élam, traversa en triomphateur la Mésopotamie entière, dévastant les campagnes, n'épargnant ni ville ni temple, il enleva d'Our la statue de la déesse Nanâ et l'emprisonna au sanc-

____

(1) *Matth.*, vi, 33.

tuaire de Suse (1). Les princes qui, dans leurs protocoles, se déclarent les vicaires des immortels, promulguent leurs lois au nom des divinités. Le relief placé en tête de la stèle, sur laquelle est gravé le Code de Hammourabi, représente le roi de Babylone debout en présence de Schamash, dieu du soleil, assis sur un trône et dictant ses commandements. Par le fait, les diverses législations antiques sont toutes plus ou moins influencées par le culte des ancêtres qui a régi l'organisation de la famille et la constitution de la propriété non seulement dans l'Asie occidentale chez les peuples sémitiques, mais chez les peuples aryens, dans l'Inde jusqu'à la rédaction des Védas, à Athènes jusqu'à la législation de Solon, à Rome jusqu'aux Décemvirs (2), et qui domine encore l'économie des codes immobiles du Céleste Empire et de l'Annam (3).

Mais aux jours de Hammourabi, sur l'appel direct de Yahveh, Abraham quitta sa patrie et la maison de son père et il se dirigea du Paddan Aram vers la terre de Chanaan à la tête d'un groupe d'adorateurs du Dieu Un. L'événement passa inaperçu. Pour les habitants de Harran, qui en furent les témoins indifférents, c'était seulement la formation d'une nouvelle tribu au sein de ces agglomérations nomades, constituées ou dissoutes avec la plus grande facilité. C'était là cependant l'un des faits les plus importants de l'histoire de l'humanité. Sous la tente, dans la vallée de

(1) Maspero, *Hist. anc. des peuples de l'Orient classique,* t. II, p. 137.

(2) Fustel de Coulanges, *La cité antique.*

(3) Lieutenant-colonel Boüinais et A. Paulus, *Le culte des morts dans le Céleste Empire et l'Annam comparé au culte des ancêtres dans l'antiquité occidentale.*

Mambré ou près des sources de Sichem, entre les monts Ebal et Garizim, les compagnons des grands scheikhs connaissaient les promesses solennelles, faites sous la foi du serment à Abraham et renouvelées à Isaac et à Jacob. La véritable religion, bannie du reste de la terre, trouvera enfin un asile ; les vestiges de la révélation, compromis partout ailleurs, se conserveront désormais et les nouvelles vérités, communiquées à l'univers par une providence tutélaire, seront écoutées.

Cependant, il convient de le remarquer, la mission des dépositaires de la vérité religieuse, réduite à sa plus simple expression, l'unité et l'omnipotence de Yahveh, n'impliquait pour les premiers Hébreux ni la supériorité de civilisation dans l'ordre matériel ni l'assurance de la sainteté dans l'ordre spirituel. Dieu agissait pour maintenir le souvenir de la révélation et des promesses messianiques ; ce résultat obtenu, il laissait les événements suivre leur cours naturel et les individus agir dans la plénitude de leur liberté. Dans le domaine terrestre les Benê-Israël ne connurent pas le développement intellectuel des peuples voisins, ils ignorèrent les sciences cultivées à Babylone, à Our, à Eridou, comme à Memphis et à Thèbes. Dans le domaine moral, ils payèrent leur tribut à l'infirmité de notre nature et aux mœurs de leur époque, et, les patriarches eux-mêmes, bien qu'ils aient été de grandes et nobles figures, ne furent pas toujours des modèles à imiter.

Si l'on en croyait certains commentateurs, les patriarches, parce qu'ils ont eu des visions, auraient été des théologiens transcendants. Telle n'est pas l'impression que laisse la lecture de la Genèse. Quel est le but des théophanies ? Toujours la confirmation des vérités élémentaires dont nous avons parlé plus haut, l'existence, l'omnipotence et la providence de Yahveh ; il fallait cet appareil pour réagir contre la péjoration religieuse ambiante ; les pensées de ces saints du vieux Testament sur les attributs de l'Être suprême ne s'élevaient pas à la hauteur de celles des plus humbles chrétiens. « Ils avaient des idées très médiocres au sujet de Dieu, nous dit saint Cyrille d'Alexandrie, à propos de l'étonnement de Jacob à Béthel au moment de la célèbre vision de l'échelle. Ce grand docteur de l'Eglise grecque parle ici avec un sens historique remarquable en commentant la parole du patriarche : « Assurément Yahveh est présent en ce lieu et moi je l'ignorais (1) ». Il s'exprime ainsi : « Les anciens pensaient, en effet, que la divinité abandonnait tout le reste de la terre et se concentrait en quelque sorte dans le pays seul où ils avaient été appelés par elle, abandonnant ce qu'ils possédaient et quittant le pays des Chaldéens. Car les adorateurs des idoles, souffrant de l'erreur polythéiste, ayant pour ainsi dire assigné à chacun des démons comme son pays propre et établi presque comme souverains ceux qui étaient adorés dans chaque ville, ils ne pensaient pas que tous fussent partout et qu'il fallait les adorer partout. De sorte que les bienheureux patriarches, eux aussi, récemment délivrés des mœurs idolâtriques et de l'erreur polythéiste, et formés à adorer Celui qui est Dieu réellement et par nature, ne pensaient pas qu'il leur fût présent et les secourût dans toute la terre et en tout lieu, n'ayant encore que des idées très médiocres (2) ».

L'observation précédente peut seule expliquer ration-

______

(1) *Gen.*, XXVIII, 16. *Vere etenim Dominus est in loco isto et ego nesciebam.* C'est la traduction littérale de l'hébreu.

(2) Μικρὰ κομιδῇ φρονοῦντες ἔτι. MIGN., *Patrol. græc.*, t. LXIX, col. 188. Cité par LAGRANGE, *Op. cit.* p. 58

nellement l'histoire du sacrifice d'Abraham. Si le Père
des croyants avait eu nos idées sur la souveraine justice
de Dieu, il n'aurait pas cru que le Seigneur lui com-
mandait effectivement un acte contraire au droit naturel (1). Mais le patriarche « n'avait encore que des
idées tout à fait médiocres » et il savait que ses contemporains offraient des victimes humaines à leurs dieux.
Pourquoi ne rendrait-il pas à Yahveh, son Elohim, le
même culte souverain ? Aussi son obéissance ne fut-elle
arrêtée par aucune question préalable. Au fond, l'ordre
divin fut l'un des traits de cette *pédagogie* spirituelle par
laquelle le Seigneur prépara progressivement son peuple
à la prédication messianique. Rappelons-nous en effet
Isaac sur le bûcher, attendant la mort de la main paternelle. Alors Dieu fit cesser l'épreuve (2) et montra, par
son refus de l'holocauste qu'il semblait avoir demandé
et par l'acceptation du sang du bélier, la victime sub-
stituée, sa volonté de bannir à jamais de son culte le
sacrifice humain.

(1) Des commentateurs ont pris la peine de justifier Dieu de
l'ordre donné à Abraham en parlant de son droit souverain
sur toute créature. Ils auraient pu s'épargner ce souci, car Moïse
lui-même nous apprend que l'ordre n'était qu'une épreuve dont
l'issue ne pouvait être funeste à Isaac. L'hébreu emploie le mot
nâsâh, « tenter, éprouver, mettre à l'épreuve ». cf. *Eccl.*, XLIV,
21 ; *Hebr.*, XI, 17.

(2) J'ai constaté, reconnu, appris que tu honores Elohim.
Gen., XXII, 12.

III

LA VIE DANS LE PAYS DE CHANAAN

Au moment où Abraham entra dans le pays de Chanaan les tribus pastorales avaient déjà une tendance à se fixer sur le sol et à doubler les occupations du pasteur par celles de l'agriculteur. Le douar s'établissait à poste fixe, l'agglomération des tentes noires en poil de chèvre se transformait en village formé de huttes en clayonnage enduit d'argile ; tel village devenait le point de départ d'une ville : ainsi « Soccoth » dont le nom, *les tentes*, rappelait qu'à l'origine, la cité était un campement de bergers.

Comme dans la Mésopotamie, chaque ville avait son monarque, Melchisédech à Salem (Jérusalem), Abimélech à Gérare, Hémor à Sichem, Bara à Sodome, Bersa à Gomorrhe, Sennaab à Adama, etc. L'exiguité des territoires n'empêchait pas les roitelets d'avoir des hauts dignitaires, des généraux d'armée et de faire la guerre à leurs voisins. L'espoir du butin était la principale cause de ces luttes. On a attribué une pensée politique aux expéditions de Chodorlahomor en Syrie, celle de dominer la route des caravanes ; la chose est possible, néanmoins nous ne sommes certains que d'un fait, l'état tributaire des villes de la Pentapole. Les hostilités s'engageaient pour de petits intérêts, la possession de pacages, de puits et de citernes, l'enlèvement d'une fille ou d'une femme de grande tente par un prince. Le scheikh offensé se livrait à des représailles où la barbarie de l'époque donnait libre carrière (1). Quand un traité intervenait, les parties contractantes offraient un sacrifice et participaient à un festin. Les victimes étaient dépecées, placées sur des autels séparés et les chefs passaient entre les flammes qui consumaient les chairs : c'était le symbole du consentement qu'ils donnaient au châtiment par les dieux s'ils violaient leur serment. Souvent un nom significatif était imposé au lieu témoin de l'accord pour en perpétuer la mémoire. Quand Laban se sépara de Jacob, il dit à son gendre : « Viens et contractons une alliance afin qu'elle serve de témoignage entre toi et moi ». Jacob prit donc une pierre et la dressa en monument ; les compagnons de Laban suivirent son exemple, un tertre s'éleva sur lequel on festoya. Laban et Jacob l'appelèrent le tumulus du témoignage ; tel est le sens des deux mots, l'un araméen et l'autre hébreu, rapportés dans le texte (2). Un serment suivait la cérémonie de l'érection. Laban jura par le dieu d'Abraham et les dieux de Nachor ; Jacob ne voulut pas employer cette formule polythéiste et prit à témoin la Crainte de son père Isaac (Celui

(1) Voir l'épisode de Dina. *Gen.*, XXXIV, XXXV, 5 ; XLIX, 5-7. Ces enlèvements étaient fréquents quand le prince était puissant et ne craignait pas la vengeance. Quand Abraham passa en Egypte, les fonctionnaires signalèrent la beauté de sa femme et reçurent l'ordre de conduire Sara au palais. Dans l'Ancien Empire égyptien le fait était assez commun pour servir de base à un roman, *les Deux Frères*.

(2) Araméen Yegar Sàhadouthà ; hébreu Mitspêh-Ghil'ad.

que craint et vénère son père, pour désigner Yahveh).

Les royaumes palestiniens étaient peu étendus, aussi les capitales étaient-elles, pour la plupart, de gros bourgs formés de cabanes. Toutefois, beaucoup de localités étaient entourées de remparts percés de portes voûtées près desquelles les habitants se réunissaient pour les marchés, les jugements et la conclusion des contrats. Enfin quelques villes présentaient, comme Sodome et Gomorrhe, des édifices dont les murs, d'appareil cyclopéen, reposaient sur d'énormes blocs (1).

La pénétration des deux éléments, nomade et sédentaire, de la population ne se fit jamais d'une manière complète en Palestine au temps des patriarches. C'est par exception qu'on voit Loth habiter Sodome et choisir des gendres parmi les citadins. Le neveu d'Abraham y vécut en paix sans triompher complètement du préjugé des habitants contre les pasteurs. Quand il prit la défense des anges, ses hôtes, ses voisins s'écrièrent avec colère : « Voyez-vous cet homme ! il est venu ici en étranger et il veut faire le juge (2). » Plus souvent les scheikhs qui commençaient à se fixer sur le sol établissaient leur résidence dans un certain canton, ainsi Abraham, Isaac et Jacob dans la Palestine méridionale, à proximité de Gérare, Béthel et Sichem. Quand la localisation fut plus complète nous voyons, par l'exemple de Job, les prévenances dont un chef de tribu puissant était l'objet. Job, atteint d'un terrible éléphantiasis (3), qui faisait perdre à ses membres la forme humaine, se retire sur le mazbèle (4) ou monceau de cendres qu'on voit près des

---

(1) Saulcy, *Hist. de l'art judaïque*, p. 10.
(2) *Gen.*, xix, 9.
(3) Orig., *Cont. Cels.*, i, 6-43.
(4) Le mazbele est formé du fumier du troupeau, rapidement

villages arabes. Il se rappelle sa situation passée : « Qui me donnera, dit-il à ses amis, d'être comme aux mois d'autrefois ?... Quand je me rendais à la porte de la ville on établissait mon siège sur la place ; à ma vue les jeunes gens se cachaient (par respect), les vieillards se levaient et se tenaient debout, les princes cessaient de parler et mettaient le doigt sur leur bouche ; les chefs retenaient leur voix et leur langue restait attachée au palais ; l'oreille qui m'entendait me proclamait bienheureux et l'œil qui me voyait me rendait témoignage (1) ».

Quand un patriarche s'établissait dans une campagne, il y dressait un autel pour les sacrifices (2) ; souvent il ensemençait quelques parcelles de terrain, comme font aujourd'hui les bédouins. Abraham planta un bois près de Gérare, au lieu qu'il appela Bersabée, preuve évidente de son intention d'y demeurer de longs jours ; par le fait, il y vit naître Isaac et il y était encore quand il reçut l'ordre de sacrifier son fils. La Bible nous montre ce dernier recueillant le centuple de ses semailles. Jacob paraît avoir donné plus de temps encore à l'agriculture et d'après le récit d'un songe du jeune Joseph le futur ministre du pharaon Apépi travaillait au milieu des moissonneurs.

Les troupeaux étaient trop nombreux pour être réunis

desséché par le soleil et brûlé à intervalles plus ou moins rapprochés. Job est au milieu de la cendre. La traduction de saint Jérôme, *sedens in sterquilinio*, fort exacte pour l'Orient, a besoin d'être expliquée chez nous où les détritus des étables ne sont pas incinérés.

(1) *Job*, xxxix, 2-11.

(2) Abraham dresse des autels à Sichem, Béthel, Hébron ; Jacob à Béthel et à Sichem.

en une seule agglomération. Il fallait disperser dans les pâturages les moutons, les chèvres, les bœufs, les chameaux et les ânes (1). Souvent les pacages étaient à de grandes distances du douar et les membres de la famille, dispersés pour surveiller les pasteurs, demeuraient longtemps éloignés du patriarche. Jacob était avec les troupeaux quand Rébecca l'appela pour l'envoyer en Mésopotamie et plus tard il chargea Joseph de s'informer de ses frères. L'adolescent partit d'Hébron pour Sichem et poussa jusqu'à Dothaïm.

La vie pastorale était souvent pénible. « Jour et nuit, j'étais dévoré par la chaleur ou par le froid et le sommeil fuyait mes yeux », dit Jacob à Laban. Les bergers couchaient au milieu du parc entouré de claies, sous la tente ou sous des huttes de garde formées de quatre piquets enfoncés en terre supportant des paillassons fixés pour la toiture et la clôture. Quelquefois l'un d'eux prenait la faction dans une tour de surveillance. Les pillards et les bêtes fauves étaient à redouter. Jacob crut facilement à la mort de Joseph sous la dent d'un animal féroce ; les messagers de mauvaises nouvelles dirent à Job : « Les bœufs labouraient et les ânesses paissaient quand les Sabéens fondirent soudain, enlevèrent tout et passèrent les serviteurs au fil de l'épée ; les Chaldéens (2), divisés en trois troupes, tombèrent sur les chameaux, les enlevèrent et passèrent les serviteurs au fil de l'épée. »

Les querelles étaient fréquentes entre les bergers,

____

(1) Les chevaux et les porcs ne sont pas mentionnés dans la Genèse.

(2) Les Septante ont traduit à tort « cavaliers. »

entre les populations sédentaires et les nomades pour la possession des puits. Les relations entre la tribu abrahamide et les habitants de Gérare sont intéressantes à étudier à ce point de vue. Abraham se plaint au premier Abimélech des entreprises de ses sujets contre les puits de Bersabée ; les Philistins du second Abimélech se montrent jaloux d'Isaac et obstruent les puits forés par son père. Isaac s'éloigne, il creuse de nouveaux puits qu'il désigne sous les noms de *Heseq*, « querelle » et *Sithna* « hostilité ». Plus tard seulement il put jouir en paix d'un troisième puits, creusé en dehors du territoire de Gérare ; il l'appela *Re'hoboth*, disant : « Maintenant Yahveh nous a mis au large et nous fructifierons dans le pays ».

La vie pastorale, malgré ses fatigues, avait ses fêtes, particulièrement à la tonte des brebis. Les propriétaires, les membres de la famille, les serviteurs y assistaient ; un festin était servi, composé d'animaux gras, de laitage, de pain cuit sous la cendre, de fruits, de vin et d'une liqueur fermentée tirée du dattier. Les fils de Job dînaient alternativement les uns chez les autres et invitaient leurs sœurs (1).

L'hospitalité était d'ailleurs large dans les familles patriarcales ; repousser un étranger était une faute sévèrement jugée par les contemporains. « Tu n'as pas donné d'eau à l'homme fatigué et tu as refusé le pain aux affamés », dit Sophar à Job et Job répond :

(1) *Job*, i, 4. C'est pendant une de ces réunions de famille que les enfants de Job périrent écrasés sous les décombres de la maison qui les abritait (ii, 19). A cette époque, où la tribu était sédentaire, les maisons avaient sans doute remplacé les constructions foraines des nomades dans les stations de surveillance des troupeaux.

« L'étranger n'est pas resté dehors et ma porte a été ouverte au voyageur ». Loth, établi à Sodome, court au-devant des anges à leur arrivée dans la ville et se prosterne devant eux : « Mes seigneurs, retirez-vous dans la maison de votre serviteur, passez la nuit, lavez vos pieds et vous vous lèverez le matin pour continuer votre chemin ». Les anges refusent, selon les règles de la politesse orientale ; Loth insiste et les voyageurs finissent par accepter. Il y a un récit classique sur l'hospitalité patriarcale, celui où Abraham est représenté accueillant les mêmes anges. Il y a là un remarquable mélange de simplicité et de grandeur. Le patriarche a reconnu le caractère surhumain des personnages qui viennent à lui, mais il les traite comme des hôtes de distinction. Le repas est celui qu'il offrirait aux scheikhs des tribus voisines ou aux rois des villes alliées, à Mambré ou à Melchisédech ; il présente les produits des troupeaux, le lait des chamelles, les gâteaux cuits sous la cendre et il se tient debout pour faire honneur à ses célestes visiteurs. Abraham sert abondamment, car il est conscient de ses richesses en troupeaux, en argent et en or (1), mais sans prodigalité, comme il convient à un homme raisonnable.

La Genèse et le livre de Job mentionnent fréquemment, parmi les possessions des nomades de grande tente, les objets précieux, les bijoux, les étoffes teintes et brodées, les bracelets, le *tsamid* et l'*etshadah* (2), le *ne-*

____

(1) *Gen.*, XIII, 2.

(2) Le *tsamid* désigne probablement un anneau qui entourait le bras près du coude ; l'*etshadah* se portait au poignet. Ces bracelets étaient en or, en argent ou en ivoire. MUNK, *Palestine*, p. 370.

sem (1), les anneaux d'oreilles (2), les vases d'or, les cachets ou cylindres babyloniens, les perles, le corail rouge, le cristal de roche, les pierres précieuses, la topaze, le verre, appelé *zekokilh*, les parfums, les instruments de musique, le *kinnor*, le *hougat* (flûte), le tembourin (3).

Les pasteurs vendaient aux Phéniciens et aux Ismaélites, courtiers du commerce dans ces âges reculés, les produits de l'élevage, bœufs, chameaux, ânes, la laine des moutons, certaines productions naturelles du pays, comme celles que les fils de Jacob portèrent au ministre égyptien lors de leur second voyage, le miel de raisin (4), le baume, la gomme adragante ou tragacanthe (5) et le ladanum (6). Les caravanes portaient ces marchandises dans les ports de la côte, en Mésopotamie et en Egypte, mais le commerce était gêné par les brigandages de certaines tribus. Il ne faut pas oublier, dans le trafic de l'époque, la vente des esclaves, et les

(1) Cahen traduit par boucle de nez, supposant qu'on se passait un anneau dans les narines. Il suffit d'avoir vu, dit F. de Saulcy (*Hist. de l'art judaïque*, p. 12), les femmes du peuple à Damas et dans les villages environnants pour comprendre à merveille ce dont il s'agit, car toutes, ou à peu près, portent, incrusté dans une narine, un petit bouton d'or garni d'une pierre qui est fréquemment une turquoise ; ce bouton d'ailleurs a la grosseur d'un petit bouton de chemise.

(2) Certains de ces anneaux devaient porter des dessins. Jacob fit enterrer les anneaux d'oreilles de ses compagnons, probablement à cause des figures idolâtriques. *Gen.*, xxxv, 4.

(3) *Gen.*, xxvii, 27 ; xxxvii, 25 ; xxxviii, 18 ; *Job*, xxxviii, 17, 18, 20 ; xxxvii, 25.

(4) Le *dibs* des Arabes fait avec du moût de raisin cuit jusqu'à consistance sirupeuse.

(5) Plusieurs arbrisseaux du genre astragale portent le nom de tragacanthe.

(6) *Gen.*, xxxviii, 34 ; xliii, 11.

vingt pièces d'argent, données comme prix de Joseph, jeune homme de dix-sept ans, par les Madianites (1) montrent que le prix de la marchaudise humaine n'était pas très élevé.

Nous trouvons à plusieurs reprises dans la Genèse la mention du *sicle*, ce qui prouve que les Hébreux connaissaient, comme les Egyptiens et les Chaldéens, non une monnaie officielle, mais le maniement des métaux précieux comme matière de troc. Ils employaient probablement simultanément les lingots de la Chaldée et les *tabnou* ou anneaux plats de l'Egypte (2). Le sicle chaldéen d'argent pesait en moyenne 8 gr. 4, soixante sicles faisaient une mine et soixante mines un talent. Quelques savants se sont appuyés sur un passage de la Genèse où il est dit que Jacob acheta un champ à Sichem pour cent agneaux (3), pour parler d'une monnaie appelée *qesitah* et marquée à l'empreinte d'un agneau. C'est une erreur, la monnaie proprement dite n'existait pas encore et le prix des choses était souvent apprécié en objets divers, ânes, taureaux, tissus, etc. (4).

____

(1) La Bible emploie les deux noms d'Ismaélites et de Madianites. Ces deux noms, surtout le premier, désignaient, d'une manière générale, dans le langage courant, les tribus nomades de l'est et du sud de la Palestine. Les marchands qui achetèrent Joseph venaient du sud de la Mésopotamie.

(2) MASPERO, *Op. cit.*, t. I, p. 323-326 ; LENORMANT, *Hist. anc. de l'Orient*, t. III, p. 58 et suiv.

(3) *Gen.*, XXXIII, 19.

(4) OPPERT-MENANT, *Documents juridiques de l'Assyrie et de la Chaldée*, p. 116-125.

IV

Quand Abraham quitta là ville de Harran pour se
rendre dans la terre de Chanaan, il emmena avec lui
une partie de la tribu taréchite comprenant, comme
tous les groupes nomades de l'Orient, des hommes libres
et des esclaves. Ces derniers formaient naturellement la
minorité de la caravane car, à part les scheikhs, peu de
personnes avaient les moyens d'entretenir une nom-
breuse domesticité et le plus souvent, au bout de quelques générations, les descendants de la classe servile
s'élevaient au rang des hommes libres ; les uns étaient
affranchis, d'autres achetaient la liberté au prix d'un pé-
cule amassé au service ; souvent même, au bout de
quelques générations, le souvenir de l'origine de leurs
auteurs se perdait au milieu du douar dont tous les
membres vivaient de la même vie et se livraient en
commun aux mêmes travaux. Quelques serfs des patriarches prenaient une grande importance dans la tribu,
comme Eliézer, qui avait le gouvernement de tous les
biens de la maison d'Abraham et était considéré comme
l'héritier de son maître avant la naissance d'Ismaël (1),

(1) *Gen.*, xv, 2-4 ; xxiv, 2.

ou comme l'Egyptien Jéraa qui épousa la fille de Sésan, l'un des anciens de la tribu de Juda (1).

Le texte de la Genèse, relatif à l'institution de la circoncision, mentionne les esclaves, achetés aux étrangers, et les serfs nés dans la maison. Ce sont là les esclaves qui n'appartenaient pas, par la naissance, à la race taréchite. Le Code de l'Alliance ajoute deux classes d'esclaves hébreux, ceux qui sont réduits par la pauvreté à se mettre au service de leurs frères et ceux qui sont condamnés à la servitude pour le payement de leurs dettes ou pour la restitution du prix de choses dérobées.

L'esclave hébreu engagé à cause de sa pauvreté pouvait entraîner sa famille dans la servitude; mais cette servitude ne devait pas durer plus de six années ; à la septième le fils d'Israël était rendu à la liberté sans rançon, seul, s'il était entré seul, avec sa femme, s'il était entré avec sa femme. Les commentateurs du Pentateuque ont beaucoup discuté sur cette période de six ans, fixée par le texte mosaïque comme un maximum à la servitude. Quelques-uns ont voulu la rapprocher de l'hexaméron génésiaque, suivi du repos dominical du septième jour. Evidemment cette raison est trop mystique. D'autres, avec plus de vraisemblance et un grand sens historique, y ont vu une imitation des sept années de service accordées par Jacob à Laban pour l'acquisition de chacune de ses épouses, Lia et Rachel. Le fils d'Isaac, réduit à l'indigence par sa fuite du douar paternel (2), aurait contracté un engagement de sept années,

____

(1) I *Paral.*, xi, 34.

(2) Il y a évidemment une lacune dans le récit biblique : comment le fils du riche scheikh Isaac se trouve-t-il pauvre chez Laban?

conformément à une coutume en vigueur chez les tribus pastorales. Moïse n'aurait donc pas été l'initiateur d'une réduction à sept années de l'esclavage perpétuel des pauvres mais l'approbateur d'une vieille tradition. Aujourd'hui, cette hypothèse est confirmée par la découverte du code de Hammourabi. D'après l'art. 117 de la stèle, l'acheteur des pauvres gens, de leurs femmes, de leurs fils et de leurs filles ne pouvait les garder au-delà de trois ans ; il devait les libérer au commencement de la quatrième année. Le principe est le même dans la législation hébraïque et dans la législation chaldéenne et, il faut le reconnaître, la supériorité est du côté de cette dernière.

Le Code de l'Alliance suppose encore le cas où l'esclave hébreu, « entré avec son corps (1) », c'est-à-dire seul, dans la maison de son maître, a reçu de celui-ci une compagne. A la septième année le serf doit être libéré, mais il doit laisser au maître sa femme et ses enfants. Cependant si l'esclave dit : « J'aime mon maître », c'est-à-dire, comme Moïse l'explique ailleurs, je trouve avantage à être avec mon maître, « je ne veux pas m'en aller ; j'aime ma femme et mes enfants, je ne veux pas m'en aller », alors le maître l'amènera devant Elohim (pour jurer) (2), puis il le placera près de la porte et lui percera l'oreille avec un poinçon (3) ; la cérémonie faite, l'esclave servira indéfiniment. Ce sont là encore de vieilles coutumes, comme aussi les prescriptions relatives aux

____

(1) C'est la traduction de l'hébreu ; les Septante disent : Ἐὰν αὐτὸς μόνος εἰσέλθῃ. On ne s'explique guère le passage de la Vulgate : *cum quali veste intraverit, cum tali exeat.*

(2) Voir page 37.

(3) L'oreille percée était une marque d'esclavage.

jeunes filles pauvres vendues pour devenir les pallacides ou épouses de second rang de l'acheteur (1).

Si nous abordons le chapitre des lois pénales dans le Code de l'Alliance, que de prescriptions anciennes, que de rapports avec les lois chaldéennes ! Les malédictions, les imprécations ont toujours été monnaie courante dans l'Orient et le plus souvent elles sont aussitôt oubliées que proférées ou entendues ; toutefois, dans certaines circonstances, elles pouvaient coûter cher à leurs auteurs. En Chaldée, la femme qui maudissait son époux : « Tu n'es pas mon mari, toi ! » était noyée (2) ; le fils qui disait à ses parents : « Tu n'es pas mon père, toi ! tu n'es pas ma mère, toi ! » était vendu dans le premier cas, promené au milieu des huées et chassé de la ville dans le second. Les Hébreux étaient plus sévères, l'enfant qui maudissait son père ou sa mère était mis à mort (3).

La peine de l'homicide était la mort, mais le meurtrier pouvait se réfugier auprès de l'autel dans le cas où il avait agi par imprudence, sans préméditation ni guet-apens (4). Un membre de la famille que la langue hébraïque désignait sous le nom de *goël* se faisait le vengeur de la victime et poursuivait l'assassin partout où il pouvait le saisir. Nous devons parler plus longuement de ce vengeur.

Le *goël* est nommé par la Vulgate le *proche du sang*, le *parent*, et par les Septante le *vengeur du sang* (5).

____

(1) *Exod.*, XXI, 7-11.

(2) « Tu n'es plus ma femme, toi ! » était la formule de la répudiation.

(3) *Exod.*, XXI, 17.

(4) *Exod.*, XXI, 12, 13, 14, 22.

(5) *Num.*, XXXV, 19, 24. *Propinquus sanguinis;* ὁ ἀρχιστεύων τὸ αἷμα, celui qui venge le sang.

Mais le mot *goël* est encore employé dans d'autres circonstances : le membre de la famille qui rachète son parent de l'esclavage est le *goël* de l'affranchi (1), le *lévir* qui épouse sa belle-sœur ou sa proche parente devenue veuve est aussi un *goël* (2) et Job, parlant de celui qui le ressuscitera et le sauvera de la mort, s'écrie : « Oui ! je sais que mon *goël* est vivant (3) ! »

Le *goël* est donc le protecteur de la famille ; il sauve son parent de la servitude, sa parente de la viduité ; il suscite un fils à son frère ou à son parent défunt, enfin il venge la mort de ses proches. Tous ces faits nous reportent à une antiquité extrêmement reculée où la famille constituait la seule société, s'administrait et se défendait elle-même, à une civilisation qui eut son plus complet développement lorsque la tribu était la famille étendue. Les nations n'existaient pas encore, il n'y avait pas de pouvoirs publics pour faire respecter les droits des faibles, la famille se faisait justice à elle-même. Quand les tribus issues d'une famille primitive durent se diviser et se subdiviser en familles secondaires, les chefs de celles-ci devinrent les protecteurs de la petite société domestique constituée autour de leurs tentes et ils conservèrent le droit du glaive pour venger les offenses faites à leurs proches.

Dans le cas d'un meurtre, la seule réparation possible était la mort de l'homicide, le *goël* se faisait le vengeur et poursuivait le coupable les armes à la main. Tous les membres de la race se solidarisaient avec lui ; les membres de la famille du coupable, frappé sans l'intervention d'un pouvoir suprême, faisaient de même et la

______

(1) *Levit.*, xxv. 5.
(2) *Ruth*, iv, 1, 3, 6, 8.
(3) *Job*, xix, 25.

vie de deux maisons voisines devenait une longue suite d'actes de vendetta jusqu'au jour où la paix était enfin achetée, par l'un des partis, au moyen d'une somme d'argent qui constituait le prix du sang. Parfois même la *composition* avait lieu dès le premier homicide, le meurtrier payait le *wehrgeld*, comme dirent plus tard les tribus germaniques, et la paix était rétablie au lendemain du crime.

L'histoire de Dina nous présente le spectacle d'une de ces scènes de vengeance familiale. La fille de Jacob et de Lia est enlevée par Sichem, fils d'Hémor. Sichem veut réparer sa faute, il va au campement des Benê-Israël et il dit au père et aux frères de la vierge outragée : « Que je trouve grâce devant vous et tout ce que vous fixerez, je vous le donnerai. Augmentez le *mohar* et exigez des *mathan* (les présents du mariage, dont nous verrons le caractère au chapitre suivant) ; volontiers j'accorderai ce que vous demanderez. Seulement donnez-moi cette jeune fille pour épouse. » Sichem agit sous l'influence de son père. Hémor veut éviter un choc entre les habitants de la ville qu'il a fondée récemment et la tribu de Jacob. Aussi dans les paroles de Sichem voit-on l'offre des présents des noces, mais augmentés à titre de *wehrgeld* pour le rapt. Jacob, ami de la paix, incline vers l'acceptation de ces ouvertures, qui sauvegardent d'ailleurs l'avenir de sa fille. Mais Lévi et Siméon, frères de Dina par Lia, que la coutume désignait comme les *goëlim* de leur sœur, née de la même mère, préfèrent la vengeance brutale et ils entraînent dans un acte de barbarie, aussi atroce qu'absurde, les autres fils de Jacob (1).

____

(1) *Gen.*, XXXI.

Le principe de réparation pénale pour les blessures se trouvait dans la loi du talion, exprimée par la célèbre formule « œil pour œil, dent pour dent, main pour main, pied pour pied, brûlure pour brûlure, blessure pour blessure, plaie pour plaie », répétée à plusieurs reprises dans le Pentateuque. Les anciens auteurs juifs ont disserté sur l'application de cette règle et, en général, ils ont affirmé que, dans la pratique, le talion se transformait en payement d'une amende plus ou moins forte selon la gravité des coups et des blessures. Le targoum de Jonathan-ben-Uziel et le targoum de Jérusalem, écrits en Palestine, et qui sont, comme on sait, des paraphrases araméennes plutôt que des traductions du vieil hébreu, se prononcent dans ce sens. Le Talmud, les rabbanistes, Saadyah, Ibn-Ezra tiennent pour cette interprétation (1). C'est évidemment la véritable, celle qui était appliquée en Chaldée, la seule logique puisque le rachat de la peine était admis dans le cas de meurtre.

D'ailleurs Moïse lui-même nous fournit la solution dans le Code de l'Alliance : « Si des hommes se sont querellés et que l'un ait frappé l'autre d'un coup de

(1) Philon (*de Legib.*) voit dans la condamnation à l'amende la règle générale et aussitôt il excepte les cas où la victime était un homme libre. Il ne s'aperçoit pas que son exception aurait été la règle générale car il y avait plus d'ingénus que de serfs. D'ailleurs Philon était Alexandrin, peu versé dans les antiquités palestiniennes qu'il dénaturait constamment par son système allégorique. Josèphe (*Ant. Jud.*, IV, VIII) prétend que le demandeur avait le droit d'exiger l'application littérale de la loi, mais il ne fournit aucune preuve à l'appui de son affirmation. Les sadducéens et plus tard les karaïtes partagèrent l'opinion de Josèphe et affirmèrent que le talion était *toujours* réel.

pierre ou de poing sans qu'il en meure mais soit forcé de s'aliter, s'il se relève et peut marcher, l'auteur de la blessure sera absous, toutefois il paiera la suspension du travail et les frais de la guérison (1) ». Voilà le système des compensations, des dommages-intérêts proclamé dans la partie la plus ancienne de la Thorah, dans la partie où le législateur recueille le droit antérieur. « OEil pour œil, dent pour dent » n'est donc plus qu'une formule archaïque qu'on continue d'employer, bien qu'elle ait revêtu une signification toute différente du sens primitif.

Le Code de l'Alliance qui recueille les traditions pénales du peuple quand il était encore à l'état semi-nomade ne porte aucune condamnation contre le vol de la propriété immobilière, mais il est riche en prescriptions sur les dommages subis par la propriété mobilière, par les récoltes et par les bestiaux. Le vol des biens mobiliers est puni par la restitution au double de la chose dérobée (2). La loi sur l'enlèvement des bestiaux est plus sévère, sans doute parce que les animaux domestiques, laissés au pacage, se trouvent sous la sauvegarde de l'honnêteté publique et que la surveillance des troupeaux est une tâche moins aisée que la garde des biens enfermés dans une tente ou une maison. Si quelqu'un vole un bœuf, il doit en rendre cinq, si quelqu'un vole une brebis, il doit en rendre quatre, mais si l'on trouve chez lui les animaux enlevés, la restitution est ramenée au double ; le voleur insolvable paie par la contrainte par corps et est vendu comme esclave. Tout dommage fait à autrui doit être réparé par une *composition*. Si

(1) *Exod.*, xx, 18-19.
(2) *Exod.*, xxII, 9.

quelqu'un creuse une citerne sans la recouvrir et qu'un animal domestique y tombe, il en paie la valeur ; si un bœuf tue le bœuf du voisin, le bœuf est vendu et les deux propriétaires se partagent la valeur du bœuf vendu et du bœuf tué ; mais si le maître savait que son bœuf frappait des cornes, « depuis hier et avant-hier » et ne l'avait pas enfermé, il devait rendre animal pour animal, sauf à garder le mort. Si quelqu'un laissait une bête de son troupeau paître dans le champ ou dans la vigne d'autrui, il devait compenser le dommage par des fruits de son propre champ ; enfin, si quelqu'un allumait du feu et brûlait la moisson sur pied ou les gerbes coupées, il devait agir de même (1). L'emprunteur était responsable du vol de l'animal, mais non de l'enlèvement par une bête fauve ; il ne devait rien si le bœuf avait été blessé ou tué devant le maître ; en cas de louage, le prix de louage compensait la perte, laquelle était un des *alea* du commerce (2).

« Vous ne nierez pas un dépôt confié (3) », dira en termes généraux le Lévitique, résumant les détails donnés dans l'Exode sur ce genre de délit. L'une des prescriptions de ce dernier livre doit attirer notre attention d'une manière toute particulière. Si quelqu'un a remis en dépôt à un ami de l'argent, des meubles (4), des bestiaux et que la chose déposée ait été enlevée par l'ennemi ou par un voleur inconnu, « le maître de la

---

(1) *Exod.*, xxi, 33-36.

(2) *Exod.*, xxi, 12-15.

(3) *Levit.*, vi, 2 (*Hébr.*, v, 21) ; xix, 11. Dans ce dernier verset l'hébreu spécifie le commandement que les Septante et la Vulgate ont rendu d'une manière moins précise : « Tu ne mentiras pas ».

(4) *Exod.*, xxii, 8.

maison sera amené à Elohim (pour jurer) qu'il n'a pas porté la main sur la chose de l'autre (1) ».

L'explication de ce texte et de quelques autres, dans lesquels il est dit que les parties se présenteront devant Elohim, a été l'objet de maintes discussions. Le texte est formel, les parties se présenteront devant Dieu, mais comment Dieu, ou le tribunal de Dieu, comme traduisent les Septante (2), manifestera-t-il son jugement ? La plupart des commentateurs catholiques, accueillant l'interprétation rabbinique, et considérant que le mot Elohim signifie Dieu quand il est employé au pluriel de majesté, mais peut également signifier « les puissants », quand il est employé au pluriel de nombre, disent que les parties se présenteront devant les juges, représentants de Dieu (3).

La solution de la difficulté viendra probablement du Code de Hammourabi. Dans plusieurs cas, semblables à ceux mentionnés plus haut d'après l'Exode, le législateur chaldéen décide que le jugement sera porté devant Dieu. « Comment ce jugement de Dieu s'exerce-t-il ? Simplement par le serment. Dieu est juge lorsqu'on affirme son droit devant lui. Il est mis en demeure de punir le parjure. Or, ce Dieu n'est ni Bel, ni Mar-

---

(1) *Exod.*, xxii, 11.

(2) Πρὸς τὸ κριτήριον τοῦ Θεοῦ.

(3) Les indépendants ont protesté, dit le R. P. Lagrange. Ils ont fait remarquer qu'Elohim signifie Dieu, qu'il s'agit de cas où aucun juge ne peut faire la lumière, où il faut recourir au jugement de Celui qui voit tout. Seulement ils ont gâté leur cause en ajoutant que cette présentation devant Dieu étant si concrète, il fallait donc qu'il fût représenté par une idole. C'était introduire l'idolâtrie non plus seulement dans Israël comme un abus, mais dans la loi elle-même comme un fait légitime et reconnu (*Etudes bibliques, La méthode historique*, p. 167).

douk, les dieux favoris du monarque, c'est la divinité sous sa forme la plus abstraite. C'est à la divinité omni-présente, omnisciente qu'on a recours pour savoir ce qui s'est passé (1). »

Cette coutume avait été transmise par les Chaldéens aux Hébreux, elle avait traversé toute l'époque patriar-cale et nous la retrouvons dans le Code de l'Alliance. Il nous sera facile maintenant de la comprendre, d'autant plus qu'elle est exprimée en entier dans les deux versets suivants où le nom de Yahveh remplace celui d'Elohim :

« Si un homme donne en garde à un autre, un âne, un bœuf, une tête de menu bétail (mouton, chèvre) ou tout autre animal et que celui-ci meure ou soit estropié ou soit enlevé (par l'ennemi) sans que personne l'ait vu, le serment de Yahveh interviendra entre les deux ; (le défendeur jurera) qu'il n'a pas porté la main sur la chose de son prochain ; le propriétaire acceptera (ce serment) et (le défendeur) ne paiera rien (2). »

Ainsi donc porter une cause au jugement de Yahveh ou d'Elohim, c'était déférer le serment au défendeur, comme cela se produit quelquefois dans notre propre législation et le magistrat, après avoir reçu sa parole, prononçait la sentence conformément à la coutume.

L'exactitude de cette interprétation ressort avec évi-dence des prescriptions suivantes, empruntées à la légis-lation postérieure (Code sacerdotal) :

« L'homme qui aura péché et aura commis une pré-varication contre Yahveh en déniant à son prochain le dépôt confié à sa foi... rendra... le dépôt qui lui avait été confié ;... de même ce qu'il aurait nié sous un faux

<hr>

(1) LAGRANGE, *Op. cit.*, p. 168.
(2) *Exod.*, xxii, 10-11.

serment, il le paiera intégralement et il y ajoutera un cinquième (comme dédommagement) ; enfin il offrira comme sacrifice pour son péché un bélier sans tache pris dans le troupeau et il le remettra au prêtre (1) ». Si le propriétaire était mort la restitution devait être faite au *goël* et, à défaut de *goël*, au prêtre (2).

(1) *Levit.*, VI, 2-7.
(2) *Num.*, V, 8.

V

LA FAMILLE A L'ÉPOQUE PATRIARCALE

Au temps des patriarches, la loi de la monogamie était tombée en désuétude : Abraham s'unit à Sara et à Agar (1) ; Jacob, son petit-fils à Lia, Rachel, Bala et Zelpha ; Esaü, son autre petit-fils, à Ada, Oolibama et Basemath. La Bible ne parle que d'une Egyptienne épousée par Ismaël, mais les traditions arabes donnent plusieurs compagnes au fils d'Agar.

Le triomphe de la polygamie est donc un fait, mais ne trouverons-nous pas une protestation contre ce triomphe dans le sens intime des contemporains ? Chez ceux-ci la monogamie n'est-elle pas demeurée l'idéal de l'union conjugale ? Nous examinerons, pour répondre à cette question, les documents bibliques et les témoignages assyro-chaldéens (2). Nous irons même chercher notre point de départ plus loin et nous considérerons un moment la société de l'Extrême-Orient.

(1) Nous ne parlons pas de Céthura. Tout porte à croire qu'elle fut épousée après la mort de Sara comme pallacide ou femme de second rang. La situation peut être comparée, dans une certaine mesure, à celle des épouses morganatiques.

(2) Il n'y a pas lieu de s'occuper ici de l'Egypte qui n'a pas eu d'action sur les Abrahamides avant la vieillesse de Jacob.

Dans ces pays le mariage est en principe monogame. L'épouse, appelée *ts'i* en chinois, *vô-chuih* en annamite, est « une personne qui tient un rang égal à celui de l'époux dans les appartements intérieurs. L'époux et l'épouse sont dans la position de deux personnes égales unies en couple (1) ». Cependant, dans l'Asie Orientale, où les nécessités du culte des ancêtres font à l'homme un devoir impérieux de laisser après lui un fils pour la perpétuité de la lignée familiale, si la *ts'i* reste stérile ou n'enfante que des filles, l'époux, au bout de dix ou douze ans de mariage, achète à une famille pauvre une *petite femme* (chinois *ts'ié*, annamite *vô-bê*). Celle-ci contracte des devoirs envers le mari et envers l'épouse dont elle est considérée comme la coadjutrice. Quand elle a un fils ce fils est réputé né de la *ts'i* (2). Dans la morale en actions des Chinois, le *Livre des récompenses et des peines*, on voit des femmes de premier rang choisir elles-mêmes l'aide destinée à donner à leur époux « l'héritier du vase d'eau et du réceptacle à encens », l'enfant mâle sauveur du culte des aïeux.

Qnand on examine attentivement la constitution sociale de l'ancienne Chaldée, on trouve des traces indiscutables du culte des ancêtres. Le chef de famille rendait les hommages aux dieux de sa race, selon les rites spéciaux qu'il avait hérités de son père ; il apportait au tombeau de ses aïeux, pendant les jours consacrés par l'usage, les offrandes et les prières qui assuraient leur

---

(1) *Code annamite*, art. 299. Le Code annamite, en vigueur dans le Tonkin et l'Annam depuis 1812, reproduit à peu près intégralement le Code chinois.

(2) Lieutenant-colonel BOÜINAIS et A. PAULUS, *Op. cit.*, 3ᵉ partie.

repos dans l'autre monde (1). Comme aujourd'hui en Chine, la religion familiale ne pouvait être sauvée que par la survenance d'un fils et tout, dans le mariage, était subordonné à cette nécessité. Aussi l'épouse stérile donnait-elle une de ses servantes à son mari (2).

N'est-ce pas là ce qui s'est passé entre Abraham et Sara, entre Jacob et Rachel avant la maternité tardive de cette dernière ? Agar, Zelpha, servantes de Sara et de Rachel, furent donc les coadjutrices de leurs maîtresses, comme les esclaves chaldéennes, comme les *petites femmes* chinoises et annamites, mais leur présence même dans la maison prouve, qu'à l'origine, la monogamie était la règle (3).

A l'époque dont nous parlons la place des épouses de second rang dans la famille était légitimée par les mœurs. Souvent on les nomme concubines ; une telle appellation est regrettable, elle éveille une idée de réprobation qui n'avait pas cours dans l'Orient patriarcal. Agar, Bala, Zelpha, Roma, Thamma (4) n'étaient pas des concubines dans le sens moderne et honteux du mot ; elles n'étaient pas davantage des concubines dans le sens du droit romain (5). Il est préférable de désigner

----

(1) MASPERO, *Op. cit.*, t. I, p. 734.

(2) Code de Hammourabi, art. 144. La femme prévenait ainsi le choix d'une autre épouse par le mari.

(3) Les nombreux enfants étaient la couronne de la mère ; la féconde Lia augmente le nombre des siens en donnant à son mari sa servante Bala.

(4) Roma, pallacide de Nachor, frère d'Abraham ; Thamma, pallacide d'Eliphaz, fils d'Esaü.

(5) La concubine romaine était une femme *unique* et *légitime* quoiqu'elle ne fût pas liée à l'époux par la confarréation et les justes noces ; son mariage ne lui donnait pas la plénitude des droits religieux et civils attachés au titre de *materfamilias* (ORTOLAN, *Explic. hist. des Institutes*, t. I, p. 85).

ces femmes sous le nom de *pallacides*, que leur donne la Bible (1).

L'union avec les pallacides avait lieu sans cérémonie nuptiale, c'était un fait d'ordre intérieur qui n'avait aucun retentissement en dehors de la famille. Au contraire, les mariages de premier rang comportaient trois phases successives : 1° la demande de la main de la jeune fille par la famille du futur époux ; 2° la vente ; 3° la *traditio* de la fiancée.

La demande de Rébecca est faite par Eliézer au nom d'Abraham ; celle de Rachel par Jacob lui-même, avec le consentement exprès d'Isaac, qui a donné à son fils mandat de choisir une fille de Laban ; la demande de Dina par Sichem avec l'assistance de son père Hémor. La conclusion est que la demande se fait avec agrément de la puissance paternelle, si respectée dans les sociétés antiques (2). Esaü sort de la coutume et le mécontentement d'Isaac et de Rébecca prouve suffisamment la faute de leur fils aîné.

Les accords entre les familles comportaient-ils le consentement de la jeune fille ? Non, nous ne voyons pas que Rébecca, consultée sur la date de son départ pour la terre de Chanaan, l'ait été sur le mariage lui-même. L'union de Jacob et de Rachel était arrêtée en principe depuis des années et néanmoins Lia accepta d'être in-

---

(1) *Pilegsch* (comme une épouse ou moitié épouse), παλλακή, παλλακίς, du texte des Septante ; latin *pellex*, employé par Justin pour désigner les servantes des Orientaux. Dans *Jud.*, XIX, la femme du lévite de Bethléem est une pallacide ; le lévite est appelé le gendre du père de la jeune femme ; il y a donc parenté par alliance.

(2) En Chaldée l'union projetée n'était réputée mariage qu'au moment où le père de l'époux avait opposé son cachet ou son ongle sur la terre du contrat. MASPERO, *Op. cit.*, t. I, p. 734.

troduite dans la tente de son cousin. Complice ou victime de la trahison de son père, il n'y a pas de milieu pour la fille aînée de Laban. Jacob semble plutôt l'avoir considérée comme victime, puisqu'il ne rompit pas l'union entachée de dol. D'ailleurs la réponse à la question posée est subordonnée à la solution d'un autre problème : « Le père de famille ne vendait-il pas sa fille au futur époux ? »

Voyons les faits. Eliézer rencontre Rébecca, s'informe de sa naissance et lui donne un nézem et des bracelets. La jeune fille court à la tente de sa mère et raconte les événements. Le serviteur n'a pas parlé à la vierge des desseins de son maître, donc ces largesses ne constituent pas ce qu'on appelle le *mohar* ou la dot. Ce n'est qu'après la demande en mariage et la réponse de Bathuel et de Laban qu'il remet à la jeune fille des vases d'or, d'argent et des vêtements, voilà le mohar. Eliézer offre aussi des *migadnoth* (chóses précieuses) à la mère et aux frères de Rébecca. Ces présents sont le prix d'achat de la fiancée, disent les uns ; non, répondent les autres, ces présents sont les arrhes du mariage. Nous ne saurions admettre la seconde explication. Eliézer représentait Abraham, il a payé, au nom de son maître, la dot et le prix d'achat.

Laban vend certainement ses filles à Jacob pour quatorze années de service. Cependant, objectent les adversaires de la vente, Lia et Rachel se plaignent plus tard et disent : « Nous reste-t-il quelque chose des biens et de l'héritage de la maison de notre père ? Il nous a vendues, *comme des étrangères*, et il a mangé aussi notre argent. Oui, la richesse qu'Elohim a ôtée à notre père est à nous et à nos fils (1) ». Si Lia et Rachel se

____

(1) *Gen.*, XXXI, 15-16.

plaignent, disent les auteurs précités, c'est que la vente des filles n'était pas dans les habitudes. Mais si l'on regarde de plus près à la plainte des deux sœurs, on voit qu'elles éprouvent du ressentiment, non d'avoir été vendues comme des fiancées, mais de l'avoir été comme des étrangères et des esclaves. Leur pensée est la suivante : « Notre père nous a vendues sans que nous ayons reçu le *mohar*, les biens réservés aux filles de famille. Il connaissait la pauvreté de Jacob, il devait constituer lui-même notre dot sur les produits du travail de notre futur époux. Les possessions que nous avons aujourd'hui proviennent de ce travail, elles sont notre dot, elles appartiennent à nous et à nos fils ».

Qu'on déguise le prix d'achat de la fiancée sous les noms de dons et de présents (*mathan, migadnoth*), le mot n'a pas d'importance ; au fond, il y avait acquisition d'une vierge pour cause de mariage et le consentement de celle-ci n'était pas requis pour la conclusion de l'affaire.

Les frères avaient une grande part dans la question du mariage de leurs sœurs. Bathuel, père de Rébecca, ne paraît qu'un instant dans le récit du voyage d'Eliézer et s'efface devant Laban. Les frères de Dina assistent Jacob dans les négociations avec Hémor et Sichem. Le langage de Laban dans ses excuses sur la *traditio* de Lia est caractéristique. Il rappelle que Jacob s'est engagé à son service personnel (tu me serviras) pour acheter Rachel et il ajoute : « Ce n'est pas la coutume que *nous donnions* la cadette avant l'aînée ; sers-*moi* encore sept années et *nous te donnerons* Rachel ». Il ne peut être question ici que des frères des épousées comme maîtres de la *traditio* (1). Nous nous rangeons volontiers à

____

(1) La distinction ne se trouve que dans l'original hébreu.

l'opinion de Keil, d'après laquelle l'intervention des frères, particulièrement des frères utérins, était une conséquence de la polygamie de l'époque et avait pour but la protection des filles des épouses les moins aimées par le père.

Tous les enfants étaient égaux devant le père, ceux des pallacides comme ceux des épouses. D'ailleurs, nous l'avons dit, par une fiction, l'esclave enfantait pour sa maîtresse. Aussi le fils de la coadjutrice était-il, d'une manière symbolique, déposé dès sa naissance sur les genoux de la femme libre (1) avant de passer sur ceux de l'époux qui, l'élevant, reconnaissait ainsi sa paternité. C'est la femme du premier rang (2) et non la pallacide qui imposait le nom au nouveau-né (3). Le père pouvait d'ailleurs ne pas ratifier le choix des noms ; ainsi « Bénoni, le fils de la douleur » de Rachel, devint « Benjamin, l'enfant de la vieillesse » de Jacob. Quand l'aïeul vivait encore, il recevait enfin et adoptait ses petits-enfants. « Ainsi, dit Moïse, les fils de Machir, fils de Manassé, naquirent sur les genoux de Joseph. »

C'est que le pouvoir de l'aïeul s'étendait sur tous les membres de sa race, fils et petits-fils. Voyons Jacob mourant. Il punit Ruben, son fils aîné, en lui enlevant la double part réservée par la coutume à la primogéni-

Elle a échappé à la Vulgate comme aux Septante qui écrivent *dabo tibi*, δώσω σοι. Les Alexandrins et saint Jérôme venant longtemps après les événements avaient perdu le souvenir de l'intervention des frères.

(1) De là l'expression : « Que mon esclave enfante sur mes genoux ».

(2) La mère de droite lignée, diraient les Sino-Annamites, par opposition aux pallacides, mères de commune lignée.

(3) *Gen.*, xxx, 5-6 ; 10-11.

ture et il la transmet à Joseph, dont il place les deux fils, Ephraïm et Manassé, au rang des chefs d'Israël, mais en donnant au cadet une bénédiction plus étendue qu'à son aîné, et cela malgré les observations du ministre du pharaon. Que Jacob ait agi ainsi par inspiration divine, nous sommes loin de le nier, mais là n'est pas actuellement la question : le vieillard exerce sa puissance d'ancêtre et personne ne songe à protester contre son droit.

Seigneur de ses enfants, le père l'était également de ses épouses de premier rang comme de ses pallacides, qu'il pouvait châtier et renvoyer. La coutume maintenait toutefois dans une certaine mesure le droit personnel de la maîtresse sur l'esclave qu'elle avait donnée à son époux ; d'après le code de Hammourabi elle conservait la faculté de la punir, même après la naissance des enfants, mais elle perdait le pouvoir de la renvoyer. Nous allons voir l'application de cette législation dans l'histoire de Sara et d'Agar. Agar conçoit, s'enorgueillit et injurie sa maîtresse (1). Sara se plaint à Abraham. Le patriarche répond : « Voici, ton esclave est dans ta main, fais-lui ce que bon te semblera ». Sara « humilie » Agar qui prend la fuite et ne rentre au douar que sur un ordre céleste. Après la naissance d'Isaac, Agar, mère d'Ismaël, encourt encore la colère de sa maîtresse qui dit à son mari : « Renvoie cette esclave et son fils ». Mais cette fois Abraham refuse, parce que Sara outrepasse son droit, et il ne cède que sur l'avis de Yahveh (2).

Nous ne trouvons pas dans la Genèse la mention de la répudiation des épouses de premier rang, mais la légis-

(1) *Gen.*, XVI, 5.
(2) *Gen.*, XXI, 10.

lation mosaïque qui a recueilli sur ce point le droit traditionnel, prouve que l'homme pouvait renvoyer sa
femme en lui donnant des lettres de divorce. L'histoire
des fils de Juda et de la Chananéenne Thamar nous présente le premier exemple connu du *lévirat* chez les Benê-Israël. D'après cette coutume, quand un homme
mourait sans laisser de postérité, son parent le plus
proche devait épouser la veuve ; le premier fils né de ce
mariage était considéré comme l'enfant du décédé et hé-
ritait de ses biens (1). Dans les institutions de Moïse, le
lévirat avait pour but de maintenir la division des biens
entre les familles conformément au premier partage de
la Terre Promise, mais nul doute qu'à l'origine le lévirat n'eût pour but principal de susciter au défunt le fils
chargé de continuer la lignée familiale. Cette continua-
tion avait une telle importance aux yeux des hommes
de cet âge qu'à défaut de postérité mâle par une épouse
ou une pallacide, les intéressés avaient recours à
l'adoption pour désigner « le sauveur du foyer », comme
dit Euripide. Avant la naissance d'Ismaël Abraham avait
adopté son intendant Eliézer de Damas (2).

(1) *Gen.*; xxxviii, 8-11.

(2) *Gen.*, xv, 2. Abraham dit à Dieu : « Seigneur Yahveh, je
m'en vais sans postérité et le fils de possession (hébraïsme, héritier) de ma maison est Eliézer Damascène ». La phrase est in-
terrompue et le verset suivant : « Voilà que mon serviteur né
dans ma maison (*ben-bethi*) sera mon héritier », semble une
glose explicative passée dans le texte. Les mots *ben-bethi*, tra-
duits τῆς οἰκογενοῦς μου par les Septante, et *vernaculus meus*
par la Vulgate, peuvent signifier qu'Eliézer était un serviteur
de la *famille*. D'après la tradition juive, recueillie par le targoum de Jonathan-ben-Uziel et par le Talmud (*Sanhédrin*, 95)
cet Eliézer est « le serviteur le plus ancien de la maison et l'intendant de tous les biens d'Abraham », mentionné au chap.
xxiv, 2, et choisi pour chercher en Mésopotamie une épouse à

Le mariage établit un lien entre les époux, leurs ascendants, leurs descendants et les personnes rapprochées des conjoints par le sang ou par l'alliance. Ce lien constitue la parenté, reconnue par tous les peuples, en tout état de civilisation ; mais l'étendue de la parenté, marquée principalement par la prohibition des noces aux degrés considérés comme rapprochés, s'est trouvée variable à travers les âges. Si nous voulons connaître les idées de l'époque patriarcale sur ce sujet, nous consulterons la législation mosaïque, qui a recueilli l'ancien droit en le modifiant sur certains points.

Au XVIIIe chapitre du Lévitique, Moïse prohibe le mariage d'un homme avec sa mère, sa sœur germaine, sa demi-sœur utérine ou consanguine, sa fille (1), sa petite-fille, sa tante paternelle ou maternelle (2), dans la parenté naturelle ; avec les femmes ou pallacides de son père, de son frère (3), de son fils, de son oncle paternel ou *patruus* (4), la mère de son épouse, les filles et les petites-filles nées d'un précédent mariage de cette même épouse. Le mariage simultané avec deux sœurs était interdit, mais non le mariage successif ; au temps de Moïse, Jacob n'aurait pu vivre avec Lia et Rachel.

Certaines singularités frappent l'esprit quand on examine les prohibitions précédentes. Pourquoi la prohibition du mariage avec la veuve du *patruus* et non la

Isaac. Cette tradition a été admise sans difficulté par tous les Pères.

(1) La prohibition est tombée des manuscrits, mais elle est sûre.

(2) Il n'est pas parlé du mariage de l'oncle avec la nièce.

(3) Sauf dans le cas de lévirat.

(4) La prohibition subsistait quand le *patruus* était frère consanguin du père ; elle n'existait pas quand le *patruus* était frère utérin du père (L. Wogue).

veuve de l'*avunculus* ou frère de la mère (1) ? Pourquoi
la prohibition du mariage avec la veuve du *patruus* consanguin et non avec celle du *patruus* utérin (2) ? Avant
de répondre à ces questions mentionnons certaines prescriptions relatives aux relations de famille chez les
prêtres. Ceux-ci sont autorisés à assister aux funérailles
de leurs sœurs vierges, mais non de leurs sœurs ma-
riées ; leurs filles mangent la chair des victimes, mais
si elles épousent un Israélite étranger à la race d'Aaron,
elles perdent ce droit ; elles le recouvrent si, veuves ou
répudiées sans enfants, elles rentrent dans la famille
sacerdotale (3).

La raison de ces singularités se trouve dans la lutte
du droit ancien, tel qu'il était conçu à l'époque patriarcale, et d'un droit nouveau qui tendait à se substituer
au précédent. Dans le droit antique la *parenté cognate*
ou parenté par les femmes n'existait pas, on ne connaissait que la parenté par les hommes ou *parenté
agnate*, comme dirent plus tard les jurisconsultes romains. A l'origine, la fille mariée quittait sa famille paternelle pour la famille de son mari et devenait si étrangère à la première qu'elle, n'y rentrait même pas
légalement en cas de veuvage sans enfants ; elle dépen-
dait du chef de la lignée de son époux et était soumise à
sa juridiction. Ce droit se retrouve au début de toutes

(1) Deux chapitres du Lévitique, le xviiie et le xxe, sont à rapprocher. L'un mentionne les prohibitions, l'autre les pénalités
encourues par les transgresseurs. Au chap. xx, v. 20, la Vulgate mentionne à tort la femme de l'*avunculus* à côté de celle
du *patruus* ; le texte hébreu ne mentionne que cette dernière.

(2) La prohibition du mariage avec la veuve de l'*avunculus* et
avec la veuve du *patruus* utérin ne fut portée que par le droit
talmudique, à une époque plus récente.

(3) *Lévit.*, xxi, 1-6 ; xxii, 12-13.

les sociétés, chez les Grecs et les Romains de race indo-européenne comme chez les descendants des Po-sing ou Cent Familles en Chine.

Examinons maintenant le tableau suivant où nous verrons deux familles, celle de Sobal et celle de Samuel, unies par le mariage de Mathan, fils de Samuel, avec Thamar, fille de Sobal.

Sobal		Samuel	
Eléazar épouse Dina	Thamar	Mathan	Phanuel épouse Abigaïl
	Mathan épouse Thamar		
Héli	Joël -		Rachel

Chez nous Joël serait dans la même situation de parenté, celle de neveu, avec Eléazar et Dina, ses oncle et tante cognats, et avec Phanuel et Abigaïl, ses oncle et tante agnats. Joël serait cousin germain d'Héli et de Rachel.

Il n'en était pas ainsi aux époques antiques, Thamar avait quitté la famille de Sobal en se mariant et elle ne pouvait créer aucun lien entre celle-ci et la famille de Samuel (1). Son fils Joël était étranger comme elle à la famille de son aïeul maternel Sobal ; il n'était ni le neveu de son *avunculus* Eléazar, ni cousin de Héli, fils de ce dernier. La situation de Joël était toute différente dans la lignée de son père Mathan et de son grand-père Samuel ; il était lié par la parenté la plus étroite à Phanuel son *patruus* et à Abigaïl, femme de ce *patruus* ; enfin il est cousin germain agnat de Rachel.

Maintenant nous pouvons comprendre comment Moïse, — ou plutôt le droit antique, — ne prohibe pas le ma-

(1) C'est la situation de Cornélie, mère des Gracques, sortie de la gens Cornélia et entrée dans la gens Sempronia.

riage entre Joël et Dina, veuve de son *avunculus ;* il n'y a pas de parenté entre eux, parce qu'il n'y avait pas de parenté légale entre Joël et Eléazar l'*avunculus*.

Si Mathan et Phanuel sont demi-frères consanguins, ils appartiennent à la même famille, celle de leur père Samuel, et Joël, fils de Mathan, est lié par la parenté à Phanuel, son *patruus* consanguin. Si Mathan et Phanuel sont frères utérins, ils appartiennent à deux familles différentes et Joël, fils de Mathan, n'est nullement parent de Phanuel, son *patruus* utérin.

Maintenant, supposons Thamar, fille du prêtre Sóbal. Elle meurt vierge, son frère, le prêtre Eléazar, pourra assister à ses funérailles, parce qu'elle fait toujours partie de la famille. Si le décès survient après le mariage, Eléazar ne paraîtra pas aux obsèques, car la loi lui interdit de figurer aux obsèques d'une étrangère.

Supposons maintenant Thamar, mariée à Mathan, que nous ferons Judéen ou Ephraïmite. Pendant sa jeunesse, elle aura pu manger les *sacra*, parce qu'elle était une Aaronide, après son mariage elle ne le pourra plus parce qu'elle sera devenue une Judéenne ou une Ephraïmite.

Mais, dira-t-on, Thamar, après son veuvage, pourra rentrer dans sa famille et profiter des victimes, c'est contraire aux explications précédentes. D'accord, mais nous sommes ici en présence d'une transformation du droit.

Le droit antique était le résultat d'une fiction, la parenté agnate était tout, la parenté cognate n'était rien. Mais cette fiction est contraire à la nature des choses et au sentiment humain, aussi tous les codes s'en sont-ils débarrassés ; dans les pays d'Extrême-Orient contemporain, où le collectivisme familial et le culte des ancêtres ont maintenu plus longtemps le règne des antiques principes, la transformation est encore en voie d'accomplisse ment, le progrès de la législation y a été plus lent que partout ailleurs, néanmoins il se fait.

Nous saisissons le droit hébraïque, à l'époque de Moïse, à l'une de ses étapes de transformation. Alors il a conservé une partie des anciennes conceptions et il accorde une plus grande importance à la parenté agnate qu'à la parenté cognate ; mais il n'ignore pas complètement celle-ci puisqu'il interdit le mariage avec des cognates comme la demi-sœur utérine, la tante maternelle ; enfin il reconnaît la parenté par alliance.

D'autres indices marquent le progrès vers une conception plus rationnelle du droit naturel ; la fille du cohen peut rentrer dans la famille paternelle après la dissolution de son mariage dans une autre tribu ; la femme mariée peut recevoir l'assistance de sa famille d'origine quand elle est victime de certaines accusations de la part de son époux (1). Le droit naturel triomphe peu à peu du droit fictif, dont le règne était moins contesté à l'époque patriarcale, et cependant dès le temps de Jacob on pouvait déjà constater l'influence du sentiment naturel dans les relations des familles.

Un mot pour finir. Les textes sur la famille cités plus haut appartiennent au Lévitique et le Lévitique fait partie de ce que l'on a appelé le *Code sacerdotal*, dont l'école de Wellhausen, soutenue en France par Renan, veut placer la rédaction dans le royaume d'Israël. « C'est, dit l'auteur de l'*Histoire du peuple d'Israël* (2), un petit code à la fois civil, moral, religieux, qui fut sûrement, au jour où on le rédigea, la loi la plus humaine et la plus juste qui eut été écrite jusque-là... Ce sont

______

(1) *Deut.*, xxii, 15-16.
(2) Renan, *Op. cit.*, t. II, p. 385.

donc ici des règles idéales, des utopies si l'on veut.
C'est le code parfait, tel que le concevait un sage iahvéiste
du ix° siècle avant Jésus-Christ ». Autrement dit, selon
M. Renan, le Code sacerdotal, œuvre d'une basse époque,
n'a jamais reçu d'application. Or, l'étude nous montre
que ce code, dans la partie relative à la famille, est rem-
pli de prescriptions empruntées à une civilisation pro-
digieusement antique, bien antérieure au temps de
Moïse ; à une civilisation dont le Code de Hammourabi
tendait à se dégager huit ou neuf siècles avant le législateur des Hébreux ; à une civilisation qui a réellement
existé et qui a laissé des traces indélébiles dans les Védas, dans les poèmes homériques, dans la loi des Douze
Tables comme dans les codes de l'Extrême-Orient ; à une
civilisation primitive qui dominait sans doute quand les
ancêtres éloignés des Chaldéens, des Aryas et des Po-
sing vivaient rapprochés sur le plateau central asiatique.
Qu'on juge donc maintenant de la valeur de la critique
germanique et rationaliste sur ce point comme sur tant
d'autres.

VI

RÉSUMÉ ET CONCLUSION

La plus ancienne date mentionnée par l'histoire de la
Chaldée est fournie par le cylindre de Nabonahid, conservé au *British Museum*. Le prince déclare qu'il fit re-
bâtir, en l'an 550, le temple du dieu Schamash et qu'il
retrouva la première pierre de l'ancien édifice, construit
trois mille deux cents ans auparavant par Naram-Sin,
fils de Sargon ou Saryukin, roi d'Agadé, puis de Babylone. Naram-Sin aurait donc vécu vers 3750, et cette
date est acceptée comme authentique par Henry Rawlinson (1), François Lenormant (2), Oppert (3), etc. « Il
n'y a pour le moment, dit Maspero, aucune raison sé-
rieuse d'en contester l'exactitude, au moins relative, si
ce n'est la répugnance instinctive des critiques modernes
à considérer comme légitimes des dates qui les reportent plus loin dans le passé qu'ils n'ont l'habitude d'y
pénétrer (4). Cette date n'est pas pour nous effrayer
après ce que nous savons de l'Egypte. Elle n'effraie pas
d'ailleurs l'école catholique. « C'est Winckler, Lehmann

(1) H. Rawlinson, *Athœneum*, 6 décembre 1882, p. 781.
(2) Lenormant, *Op. cit.*, t. V, 79.
(3) Oppert, *Journal Asiatique*, 1883, t. I, p. 89.
(4) Maspero, *Op. cit.*, t. I, p. 601.

et d'autres, qui ne sont pas catholiques, qui ont proposé de soustraire mille ans à cette date de 3750 ans, admise par M. Vigouroux. Cette soustraction est justifiée aux yeux de ces savants parce que nous n'avons pas assez de faits connus pour occuper cette période. Voilà certes un scrupule excessif, car une découverte heureuse peut combler cette lacune. Quoi qu'il en soit, c'est donc en toute modération qu'on propose l'époque de quatre mille ans avant notre ère pour les premiers monarques chaldéens, car Naram-Sin n'est pas le plus ancien (1). » Cette date du quatrième millénaire est elle même suffisante ? Il est permis de le demander quand on rapporte au temps de Naram-Sin la formation de la collection des livres classiques, religieux, liturgiques, auguraux et autres, qui servit désormais de base à la culture sacerdotale. « C'est alors, dit Lenormant, que se constitua définitivement ce vaste et savant système, à la fois religieux et philosophique, groupant dans un ensemble puissamment hiérarchisé toutes les divinités et toutes les croyances propres à chacun des éléments divers qui avaient formé la population du bassin inférieur de l'Euphrate et du Tigre (2). » Une telle pensée de syncrétisme ne vient pas à une société jeune, elle est particulière aux vieilles nations, prêtes à s'endormir sur les souvenirs du passé. Dans l'ordre intellectuel, la Chaldée avait déjà perdu tout ressort et était condamnée à vivre sur le panthéisme raffiné, la démonologie, l'astrologie de ses anciens, sans jamais produire d'œuvre véritablement forte et originale. Une autre preuve de l'antiquité de l'existence de la Chaldée est fournie par la linguis-

<hr>

(1) R. P. Lagrange, *op. cit.*, p. 195.
(2) Lenormant, *Origines de l'histoire*, t. I, p. 264.

tique. L'idiome de l'élément sumérien, resté au premier stage de l'agglutination, avec de nombreuses traces de l'état isolant et rhématique, présentait de véritables caractères de vétusté quand il avait disparu devant l'emploi de la langue syro-arabe à laquelle on a donné le nom d'assyrien sémitique. « Ainsi ses mots radicaux, quand ils se montrent isolément et à l'état absolu, sans être munis de suffixes, offrent presque toujours une usure qui en a effacé la partie finale, la dernière consonne. C'est seulement suivis d'un suffixe qu'ils reprennent leur forme complète, le suffixe ayant ici un rôle conservateur et nécessitant la réapparition de l'articulation qui se corrode et disparaît dans l'état absolu (1). »

Près de quinze siècles séparent Naram-Sin de Hammourabi. On comprend que, sous ce dernier prince, la société ait pu s'accommoder d'un code très étudié et très complet qui intervient dans les détails de la vie journalière, règlemente les transactions entre les particuliers, formule des règles sur les conventions et les contrats ; on comprend, en particulier, comment l'organisation de la famille, basée à l'origine sur les idées inspirées par le culte des ancêtres, ait pu se modifier et recevoir l'empreinte de réformes dérivées d'idées plus conformes à la nature des choses et aux réalités de l'existence ; on comprend que le législateur ait admis la parenté cognate à côté de la parenté agnate et qu'il ait réglé la parenté par alliance autrement que ne l'avait fait le droit rituel antique.

Considérons maintenant une tribu comme celle d'où sortira Abraham, ayant vécu des siècles, depuis Arphakschad jusqu'à Téra'h, en contact avec la civilisation chal-

____

(1) LENORMANT, *Hist. anc. de l'Orient*, t. I, p. 365.

déenne. Cette tribu se sera peu à peu imbue de cette civilisation, des mœurs et des idées morales et religieuses de ses voisins aussi bien que des procédés d'une industrie relativement avancée, tout en restant fidèle aux pratiques de la vie pastorale sous le ciel de l'Orient. C'est cela, en effet, qui constitue l'originalité persistante et quasi immuable des douars et non pas la résistance absolue des hommes du désert à l'influence des idées étrangères, particulièrement aux idées religieuses. Les pages précédentes sont en effet la preuve de l'influence profonde de la Chaldée sur les compagnons des patriarches. Cette influence fut même si puissante que la vie égyptienne, dont les Benê-Israël furent témoins pendant quatre siècles dans la terre de Gessen, après la mort de Jacob, ne modifia pas leur mode d'existence et que la législation provisoire, promulguée par Moïse à l'entrée de son peuple au désert, est toute chaldéenne ; les éléments égyptiens ne paraîtront guère qu'après, dans le Code sacerdotal, et y seront introduits par le grand nabi pour l'organisation extérieure du culte.

Une chose est du moins certaine, l'idolâtrie fétichiste de Babylone et d'Our avait atteint la tribu térachite. Le témoignage de Josué est formel sur ce point, le culte des *téraphim* s'était introduit sous ses tentes (1) et l'adoration des téraphim, c'était, somme toute, l'idolâtrie. La Chaldée avait pu conserver la croyance à la justice immanente d'un principe supérieur et faire de cette justice la garantie du serment judiciaire ; cette croyance est certainement noble et élevée, mais on la retrouve avec plus ou moins de précision chez tous les

____

(1) *Jos.*, XXIV, 14.

peuples et elle appartient à ce « témoignage d'une âme naturellement chrétienne » dont parlera un jour Tertullien. Cette croyance relevée n'empêchait ni les aberrations du panthéisme raffiné des écoles, ni les grossières erreurs du fétichisme populaire, ni les insanités d'une divination poussée aux dernières limites, ni les turpitudes dans les temples peuplés d'hiérodules et de qedescholth, ni l'atroce barbarie des sacrifices humains (1). Tristes leçons pour les Térachites, tristes leçons dont ils n'avaient que trop profité ! Ne voyons-nous pas, hors de la tribu abrahamide, Laban jurer par ses dieux et non par Dieu ? d'un autre côté, Rachel n'a-t-elle pas été soupçonnée d'avoir enlevé les téraphim de son père afin d'en faire usage pour elle-même, au moins dans un but de divination ?

La foi des compagnons d'Abraham dans le Dieu suprême pouvait donc, au moment de la vocation du patriarche, être limitée à une conception plus nette que celle des Chaldéens, leurs voisins, de l'existence et de

____

(1) LENORMANT, *Les premières civilisations*, t. II, p. 196 ; TIELE, *Babylonish-Assyrische Geschichte*, p. 548. Sur un cylindre gravé, mentionné par J. MENANT (*Essai sur les pierres gravées de l'Asie occidentale*, p. 153), un personnage debout brandit une massue sur la tête d'un suppliant agenouillé. Le malheureux a compris le sort qui l'attend à la vue d'une tête humaine coupée et placée près de lui ; il implore la vie d'un geste désespéré. Pour M. Menant il n'y a aucun doute, c'est là une représentation de sacrifice. Pour M. G. Perrot, cette opinion est probable (*Hist. de l'art dans l'antiquité*, t. II, p. 680). « Il paraît bien, dit M. Maspero (*op. cit.*, t. 1, p. 681), qu'on exécutait des victimes humaines aux temps plus anciens ; mais l'usage n'en avait persisté que dans des cas très rares. » Cette opinion est sans doute trop optimiste. Les sacrifices d'enfants sont mentionnés par TIELE (*Hist. comparée des relig. de l'Égypte et des peuples sémitiques*, p. 209) et cet auteur croit à la persistance de ces immolations jusqu'aux basses époques.

l'unité de ce Dieu, connu sous le vieux nom de *El.*
Mais, en dehors de cette notion exacte, leurs idées
étaient bien confuses et ils avaient à recevoir un enseignement tout élémentaire pour connaître la nature et
les attributs du Tout-Puissant, *El Schaddaï*, et pour
se dégager des idées grossières répandues par le paga-
nisme. Les mêmes observations doivent être faites sur
les croyances eschatologiques. Certes, sur ce point, les
Hébreux ne pouvaient être inférieurs aux sujets d'Hammourabi qui admettaient l'existence d'un esprit, analogue au *ka* ou *double* des Egyptiens, appelé *ékîmmou,*
associé au sang, qui, après la mort, pouvait continuer
à recevoir les offrandes funéraires et finissait par se
rendre au séjour général des morts dans l'*Aralou* (1).

Mais qu'arriva-t-il? Dieu intervint et nous pouvons
caractériser son enseignement par les paroles de l'Apôtre.
Il nourrit les Hébreux de lait et non de viandes solides
parce que le peuple n'aurait pu les supporter et, même
pendant toute la durée de l'Ancien Testament, la Providence continua ce régime parce que ses enfants étaient
toujours charnels (2). Telle fut la caractéristique de la
pédagogie du Seigneur, dont nous parlions plus haut,
l'enseignement progressif des vérités et la lutte contre
les erreurs nées de l'imagination humaine. La théologie
de l'époque patriarcale n'était donc pas et ne pouvait
pas être transcendante ; du moins elle était sûre : existence, unité, puissance, providence de Yahveh-Elohim,
vengeur du péché et rémunérateur de la vertu. Pour le

(1) J. HALÉVY, *La croyance à l'immortalité de l'âme chez
les Chaldéens* dans les *Mélanges de critique et d'histoire,*
p. 368, Lenormant et Maspero dans leurs histoires anciennes.
(2) I *Cor.*, III, 2.

reste, Dieu laissa les Benê-Israël se développer d'après les lois naturelles de l'évolution des sociétés terrestres, mais les notions supérieures introduites dans leur religion devaient peu à peu produire leurs fruits heureux ; si le peuple de Dieu tomba trop souvent dans la barbarie et la corruption des cultes naturalistes, parce qu'il s'écarta trop souvent de ses voies, il eut sans cesse devant les yeux un idéal de justice, de pureté et de sainteté qui permirent, avec l'aide de la grâce, les plus heureux retours au bien et à la vérité.

TABLE DES MATIÈRES

SAINT-AMAND (CHER). — IMPRIMERIE BUSSIÈRE.